On the Wing 翅膀

North American Birds 4

Andrea Voon

Richard Han

Xiǎo chì bǎng   xiǎo chì bǎng shàn ya shàn

小翅膀，小翅膀扇呀扇，

sēn lín li de   shēng yīn yǎn yuán   ài zhuāng bàn

森林裏的 聲音演員 愛裝扮。

Àn guān lán yā   àn guān lán yā   mào měi shēng tián

暗冠藍鴉，暗冠藍鴉 貌美聲甜，

mó fǎng yīng jiào jǐng tì tóng bàn

模仿鷹叫警惕同伴。

Little wings, little wings, flap flap flap...

Voice actors in the forests are on the wing.

Steller's Jays, Steller's Jays, clap clap clap...

Mimic hawks and sounds they hear on the wing.

小翅膀，小翅膀扇呀扇，
Xiǎo chì bǎng　xiǎo chì bǎng shàn ya shàn

森林裏的 肚皮舞演員 愛裝扮。
sēn lín li de　dù pí wǔ yǎn yuán　ài zhuāng bàn

黃腰林鶯，黃腰林鶯 貌美聲甜，
Huáng yāo lín yīng　huáng yāo lín yīng　mào měi shēng tián

扭腰擺臀动作百變。
niǔ yāo bǎi tún dòng zuò bǎi biàn

Little wings, little wings, flap flap flap…
Belly dancers in the forests are on the wing.
Yellow-rumped Warblers, yellow-rumped Warblers, clap clap clap…
Dance in the berry bushes as they sing.

小翅膀，小翅膀扇呀扇，

Xiǎo chì bǎng   xiǎo chì bǎng shàn ya shàn

森林裏的 笛簫演奏家 愛裝扮。

sēn lín li de   dí xiāo yǎn zòu jiā   ài zhuāng bàn

杂色鸫，杂色鸫 貌美聲甜，

Zá sè dōng   zá sè dōng   mào měi shēng tián

凄美的歌聲多傷感。

qī měi de gē shēng duō shāng gǎn

Little wings, little wings, flap flap flap...

Flute players in the forests are on the wing.

Varied Thrushes, Varied Thrushes, clap clap clap...

Spooky and eerie as they sing.

6

小翅膀，小翅膀扇呀扇，

沼澤裏的 邊境警衛 愛裝扮。

紅翅黑鸝， 黃頭黑鸝 貌美聲甜，

巡邏察視捍衛地盤。

Little wings, little wings, flap flap flap...

Border patrols in the marshes are on the wing.

Red-winged Blackbirds, Yellow-headed Blackbirds, clap clap clap...

Defend their territories as they sing.

Xiǎo chì bǎng xiǎo chì bǎng shàn ya shàn

小翅膀，小翅膀扇呀扇，

lín dì li de yǎn zhào yīng xióng ài zhuāng bàn

林地裏的 眼罩英雄 愛裝扮。

Xuě sōng tài píng niǎo xuě sōng tài píng niǎo mào měi shēng tián

雪松太平鳥，雪松太平鳥 貌美聲甜，

dà dǎn shì ài qín sòng huā bàn

大膽示愛勤送花瓣。

Little wings, little wings, flap flap flap...

Masked heroes in the open woodlands are on the wing.

Cedar Waxwings, Cedar Waxwings, clap clap clap...

Pick a gift for their lovely wife as they sing.

<ruby>小翅膀<rt>Xiǎo chì bǎng</rt></ruby>，<ruby>小翅膀扇呀扇<rt>xiǎo chì bǎng shàn ya shàn</rt></ruby>，

<ruby>草原上的<rt>cǎo yuán shang de</rt></ruby> <ruby>除蟲專家<rt>chú chóng zhuān jiā</rt></ruby> <ruby>愛裝扮<rt>ài zhuāng bàn</rt></ruby>。

<ruby>棕腹長尾霸鶲<rt>Zōng fù cháng wěi bà wēng</rt></ruby>，<ruby>棕腹長尾霸鶲<rt>zōng fù cháng wěi bà wēng</rt></ruby> <ruby>貌美聲甜<rt>mào měi shēng tián</rt></ruby>，

<ruby>空中抓蟲能力超讚<rt>kōng zhong zhuā chóng néng lì chāo zàn</rt></ruby>。

Little wings, little wings, flap flap flap...

Pest control technicians in the grasslands are on the wing.

Say's Phoebes, Say's Phoebes, clap clap clap...

Snatch insects in midair as they sing.

小翅膀，小翅膀扇呀扇，

Xiǎo chì bǎng　　xiǎo chì bǎng shàn ya shàn

城市裏的 頌歌歌手 愛裝扮。

chéng shì li de　　sòng gē gē shǒu　　ài zhuāng bàn

家朱雀，家朱雀 貌美聲甜，

Jiā zhū què　　jiā zhū què　　mào měi shēng tián

紅帽、紅圍巾讓人欣歡。

hóng mào　　hóng wéi jīn ràng rén xīn huān

Little wings, little wings, flap flap flap...
Carol singers in the towns are on the wing.
House Finches, House Finches, clap clap clap...
Cheerful and merry as they sing.

<ruby>小<rt>Xiǎo</rt></ruby><ruby>翅<rt>chì</rt></ruby><ruby>膀<rt>bǎng</rt></ruby>，<ruby>小<rt>xiǎo</rt></ruby><ruby>翅<rt>chì</rt></ruby><ruby>膀<rt>bǎng</rt></ruby><ruby>扇<rt>shàn</rt></ruby><ruby>呀<rt>ya</rt></ruby><ruby>扇<rt>shàn</rt></ruby>，

小翅膀，小翅膀扇呀扇，

sēn lín li de　　qí jǐng　　ài zhuāng bàn
森林裏的　騎警　愛裝扮。

Zǐ zhū què　　zǐ zhū què　　mào měi shēng tián
紫朱雀，紫朱雀 貌美聲甜，

yǎo kāi jiān guǒ zuǐ fǎ shú liàn
咬開堅果嘴法熟練。

Little wings, little wings, flap flap flap...

Mounties in the forests are on the wing.

Purple Finches, Purple Finches, clap clap clap...

Crush seeds and extract nuts as they sing.

Xiǎo chì bǎng　　xiǎo chì bǎng shàn ya shàn

小翅膀，小翅膀扇呀扇，

lín dì li de　　shǔ piàn xiāo shòu yuán　　ài zhuāng bàn

林地裏的 薯片銷售員 愛裝扮。

Běi měi jīn chì què　　běi měi jīn chì què　　mào měi shēng tián

北美金翅雀，北美金翅雀 貌美聲甜，

huàn shang xīn yī yíng jiē chūn tiān

換上新衣迎接春天。

Little wings, little wings, flap flap flap...

Potato chip sellers in the open woodlands are on the wing.

American Goldfinches, American Goldfinches, clap clap clap...

Put on their gold suit as they sing.

Xiǎo chì bǎng　　xiǎo chì bǎng shàn ya shàn

小翅膀，小翅膀扇呀扇，

cǎo yuán shang de　　fú zhuāng shè　jì　shī　　ài zhuāng bàn

草原上的 服裝設計師 愛裝扮。

Jiā　yàn　　　jiā　yàn　　mào měi shēng tián

家燕，家燕 貌美聲甜，

yì　shēn yàn wěi　fú bìng bù lán

一身燕尾服并不藍。

Little wings, little wings, flap flap flap…

Fashion designers in the grasslands are on the wing.

Barn Swallows, Barn Swallows, clap clap clap…

Display their tuxedos as they sing.

chāo xiǎo chì bǎng chāo xiǎo chì bǎng shàn ya shàn
超小翅膀，超小翅膀扇呀扇，

sēn lín li de zhū bǎo jiàn dìng shī ài zhuāng bàn
森林裏的 珠寶鑒定師 愛裝扮。

Jīn guān dài jú hóng guān dài jú mào měi shēng tián
金冠戴菊， 紅冠戴菊 貌美聲甜，

zhēn guì tóu guān ruò yǐn ruò xiàn
珍貴頭冠若隱若現。

Tiny wings, tiny wings, flap flap flap…
Jewelry appraisers in the forests are on the wing.
Golden-crowned Kinglets, Ruby-crowned Kinglets, clap clap clap…
Conceal their precious crowns as they sing.

Xiǎo chì bǎng   xiǎo chì bǎng shàn ya shàn

小翅膀，小翅膀扇呀扇，

sēn lín li de   rěn zhě   ài zhuāng bàn

森林裏的 忍者 愛裝扮。

Hēi dǐng shān què   lì bèi shān què   mào měi shēng tián

黑頂山雀，栗背山雀 貌美聲甜，

láo jì qiān gè chǔ liáng dì diǎn

牢記千個儲糧地點。

Little wings, little wings, flap flap flap…

Ninjas in the forests are on the wing.

Black-capped Chickadees, Chestnut-backed Chickadees, clap clap clap…

Hide thousands of food items as they sing.

帅氣翅膀，帅氣翅膀 扇呀扇，
huài qì chì bǎng   shuài qì chì bǎng   shàn ya shàn

甜美的歌聲動人心弦。
tián měi de gē shēng dòng rén xīn xián

鳥兒爸爸 羽毛光鮮，
Niǎo er bà ba   yǔ máo guāng xiān

高歌求偶自誇自炫。
gāo gē qiú ǒu zì kuā zì xuàn

Little wings, tiny wings flap flap flap...
Breeding Papa birds are on the wing.
Charming wings, charming wings, clap clap clap...
Molt into their unique plumages as they sing.

作者　Author

温甘玉芬

當媽前，她是孩子們的甘老師，在常年暖和的熱帶雨林，與孩子一起學習中、英文，探索文字的奧秘；當媽後，她是孩子們的溫媽咪，在四季分明的北半球，與孩子一起感受春夏秋冬的更替，一起尋找美好的童年……

溫媽咪創作的靈感，源自於多年來的童言童語。
2021年，她成立了"溫室工作坊"，立志要出版一系列的中、英雙語繪本，結合母語和第二語言，提倡親子趣讀。精通三語的溫媽咪理解每一種語言都有其獨特的藝術形式，因此創作的雙語繪本也各含韻味、各具特色。

Andrea Voon

Over the past few years, Andrea has learned and grown with her family as a full-time mother in Canada. Back in Malaysia, she was a Chinese immersion elementary school teacher. In 2021, Andrea started her journey as an author. Growing up in a multilingual environment, Andrea loves the beauty of languages on their own. She has the vision to publish picture books to support bilingual families in raising their children in English, Cantonese, and Chinese reading.

攝影師　Photographer

Richard Han

Richard loves to practice patience through his lenses of the natural world. He enjoys observing the wildlife and photographing the natural lifestyles that animals live. He is excited to present the beautiful photos that he captured in dreamy tones and colors to all the birds lover.

BILINGUAL READING IS FUN!

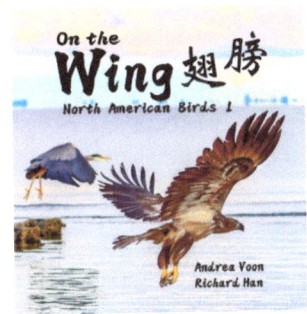

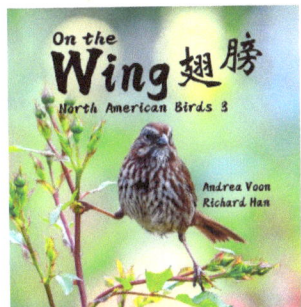

Check out other bilingual picture books by Andrea Voon.

To **Shirley Han, Derek, Eliana, Alayna & Magnus Dominus**

with love -- Andrea. V

For **Richard Han**

The patience in natural photography

ISBN 978-1-998856-31-2

Text copyright © 2024 Andrea Voon

Picture Credit © 2024 Richard Han

For information regarding permission, you may write to
heigreenhousestudio@gmail.com

www.ingramcontent.com/pod-product-compliance
Lightning Source LLC
Chambersburg PA
CBHW041501120626
46547CB00003B/499